Jane Petzold, Tanja Eckstein

Direct Marketing Objectives and Strategies

GRIN Verlag

Bibliografische Information der Deutschen Nationalbibliothek:

Die Deutsche Bibliothek verzeichnet diese Publikation in der Deutschen National-
bibliografie; detaillierte bibliografische Daten sind im Internet über http://dnb.d-
nb.de/ abrufbar.

Impressum:

Copyright © 2003 GRIN Verlag GmbH
Druck und Bindung: Books on Demand GmbH, Norderstedt Germany
ISBN: 978-3-640-57742-2

Dieses Buch bei GRIN:

http://www.grin.com/de/e-book/24236/direct-marketing-objectives-and-strategies

GRIN - Your knowledge has value

Der GRIN Verlag publiziert seit 1998 wissenschaftliche Arbeiten von Studenten, Hochschullehrern und anderen Akademikern als eBook und gedrucktes Buch. Die Verlagswebsite www.grin.com ist die ideale Plattform zur Veröffentlichung von Hausarbeiten, Abschlussarbeiten, wissenschaftlichen Aufsätzen, Dissertationen und Fachbüchern.

Besuchen Sie uns im Internet:

http://www.grin.com/

http://www.facebook.com/grincom

http://www.twitter.com/grin_com

Georg-Simon-Ohm-Fachhochschule Nürnberg
Fachbereich Betriebswirtschaft

Direct Marketing Objectives and Strategies

(Marketing III - Database Marketing,
Wintersemester 2003/04)

Seminararbeit

Autoren:

Jane Petzold

Tanja Eckstein

Inhaltsverzeichnis

Abbildungsverzeichnis

0. Einleitung

Der erste Teil dieser Studienarbeit soll mit einer Definition des Begriffs *Direktmarketing* eingeleitet werden, daran schließt sich die Einordnung des Direktmarketings in das Marketing an. Im zweiten und dritten Abschnitt folgt eine Darstellung der Zielsetzungen und der daraus folgenden Strategien des Direktmarketings. Abschließend soll die Thematik mittels der Kundenbindungskarten praktisch untermauert werden.

Die Kapitel 1 und 3 wurden von Jane Petzold und das Kapitel 2 von Tanja Eckstein bearbeitet.

1. Ziele des Direktmarketings

1.1. Der Direktmarketing-Begriff

Direktmarketing hat durch unerwünschte Vertreterbesuche und Werbe-
briefe einen schlechten Ruf erhalten. So mancher Verbraucher befürchtet,
dass seine Adresse durch Firmen und Behörden getauscht, vermietet und
verkauft wird. Dabei sind diese Praktiken zu Werbezwecken laut Bundes-
datenschutzgesetz (BDSG) legal, da Werbung als „wirtschaftliche Funk-
tion" anerkannt ist.[1] Hinter Direktmarketing verbirgt sich jedoch weit mehr,
wie die nachfolgenden Ausführungen zeigen werden:

Der Deutsche Direktmarketing Verband liefert folgende Definition auf die
Frage, was Direktmarketing ist: „Direktmarketing, häufig auch als Dialog-
marketing bezeichnet, umfasst alle Marketingaktivitäten, bei denen
Medien mit der Absicht eingesetzt werden, eine interaktive Beziehung zu
Zielpersonen herzustellen, um sie zu einer individuellen, messbaren Reak-
tion (Response) zu veranlassen."[2]

Das Besondere am Direktmarketing ist also, dass eine interaktive Beziehung angestrebt wird, das heißt der Austausch mit den Zielpersonen ist
erwünscht. Andere Marketingaktivitäten hingegen zielen oft nur darauf ab,
den Absatz zu steigern und ein Heraustreten des Einzelnen aus der ano-
nymen Masse ist kaum erwünscht.[3] Diese Situation stellt einen Monolog
dar. Daher wird Direktmarketing, wie bereits in der Definition des
Deutschen Direktmarketing Verbands erwähnt, auch als Dialogmarketing
bezeichnet.

---

[1] Wronka G. (1991): Datenschutz und Direktmarketing In: Dallmer H. (Hrsg.): Handbuch
Direct Marketing, Wiesbaden, 6. Aufl., S. 100-102

[2] Deutscher Direktmarketing Verband e.V. (2003): Was ist eigentlich Direktmarketing?
<http://www.ddv.de/direktmarketing/index_direktmarketing_faq_02_3352.html>
(20.10.03)

[3] Dallmer H. (1991): Handbuch Direct Marketing, Wiesbaden, 6. Aufl., S. 5

Dabei ist es völlig unerheblich ob die Ansprache der Zielpersonen persönlich oder unpersönlich erfolgt. Die Palette der möglichen Direktmarketingmedien wird auch nicht durch die sogenannten Massenmedien wie Zeitschriften und Fernsehen begrenzt. Wichtig ist nur, dass eine individuelle
Reaktion ermöglicht wird, die den einzelnen Marketingaktivitäten zugeord-
net werden kann. Die Direktmarketing-Aktivitäten sollen es also ermöglichen den einzelnen Kunden zu identifizieren und einen unmittelbaren
Kontakt herstellen zu können.[4] Die folgenden Abbildung zeigt die an-
wendbaren Medien auf und katalogisiert sie nach der Streuweite sowie
nach traditionellen und neuen Medien.

Abbildung 1: Die Medien des Direktmarketings

Breitgestreute Medien:	Gezielte Medien:
- Zeitungen und Zeitschriften - Rundfunk und Fernsehen (im beschränkten Maße)	- Direct-Mail - Wurfsendungen - Kundenzeitschriften
Traditionelle Medien:	Neue Medien:
- Direktwerbung/Direkt-Mailing - Coupon/Antwortkarte - Katalog - Persönliche Ansprache - Kundenzeitschriften	- Telefon - Videotext - Rundfunk und Fernsehen - Internet

Quelle: Diller H. (Hrsg.) (1992): Vahlens Großes Marketing Lexikon,
München S. 208 (abgeändert)

Für das Direktmarketing lassen sich also sowohl gezielte Medien wie
Kundenzeitschriften verwenden als auch Zeitschriften, die zu den breitge-
streuten Medien zählen. Wenn auch in begrenztem Maße, so lassen sich
auch durch Fernsehwerbung tatsächliche und potentielle Kunden dazu bewegen, sich an das betreffende Unternehmen zu wenden und dadurch
einen direkten Kontakt zum Kunden aufzubauen. Auf der anderen Ebene

[4] Dallmer H. (1991): Handbuch Direct Marketing, Wiesbaden, 6. Aufl., S. 5

befinden sich die traditionellen und die neuen Medien. Das Direktmarketing wurde in den letzten Jahren vor allem durch die Basisinnovation des Computers regelrecht revolutioniert. Die Grundlage des heutigen Direktmarketings sind Datenbanken, ohne die eine Speicherung der Kundeninformationen und eine gezielte Auswertung auf Grund der riesigen Datenbestände nicht möglich wären.

Die Zielgruppen des Direktmarketings sind so vielfältig wie die zuvor genannten nutzbaren Medien. Direktmarketing lässt sich nicht nur am Privatkunden anwenden, sondern auch bei gewerblichen Kunden und nichtgewerblichen Abnehmern.[5] Beim Marketing für Privatkunden stehen den Unternehmen auf Grund von Datenschutzbestimmungen weit weniger Möglichkeiten zur Verfügung als bei gewerblichen Kunden. Die Marketingaktionen sind „eher bunt, häufig personalisiert und oft mit Klebe- und Rubelspielchen" versehen. Marketing gegenüber gewerblichen Kunden wird als Business-to-Business-Direktmarketing bezeichnet, ist sachlicher und enthält in der Regel mehr Fachinformationen.[6]

Zurück zur Definition des Deutschen Direktmarketing Verbandes: Mittels Direktmarketing soll es möglich gemacht werden, eine messbare Reaktion (Response) jedes einzelnen Kunden zu erhalten.
Es stellt sich daher die Frage, wie „sich Erfolg im Direktmarketing messen" lässt. Folgende Methoden stehen zur Verfügung:

1) „mit der Responsequote, d.h., wie viel Prozent haben reagiert,
2) mit der sogenannten Cost per Order (CPO), Gesamtkosten pro erfolgter Bestellung/Auftrag und
3) über den Erfolg im Rahmen der Kundenbindung."[7]

---

[5] Diller H. (Hrsg.) (1992): Vahlens Großes Marketing Lexikon, München, 2. Aufl. S. 207

[6] Gottschling S./Rechenauer H. O. (1994): Direkt-Marketing, München, S. 20

[7] Deutscher Direktmarketing Verband e.V. (2003): Was ist eigentlich Direktmarketing? <http://www.ddv.de/direktmarketing/index_direktmarketing_faq_02_3347.html> (20.10.03)

Das Direktmarketing ist, wie der Begriff bereits vermuten lässt, eine besondere Art des Marketings. Innerhalb des Direktmarketings unterscheidet Dallmer zwischen Direktwerbung, Direktverkaufsförderung, Direkt Public Relations und Direkt-Marktforschung.[8]

„Als Direktwerbung werden alle Kommunikationsmaßnahmen bezeichnet, die sich an individuelle Adressaten richten und/oder ein Reaktionsmittel beinhalten bzw. die Reaktion gegenüber dem Botschaftsabsender mit Hilfe des Werbemittels oder auf andere definierte Art ermöglichen."[9]

Beim Direktabsatz werden die Waren/Dienstleistungen direkt vom Hersteller an den Kunden verkauft, der Handel wird bei dieser Absatzform also ausgeschaltet. Dabei kann sich der Handel „unternehmenseigenen Absatzmittlern (= interner Direktabsatz)" oder „unternehmensfremden Absatzhelfern (= externer Direktabsatz)" bedienen. Vorteilhaft bei dieser Vertriebsform ist, dass Distributionskosten eingespart werden und der Vertrieb effizienter gesteuert und kontrolliert werden kann. Darin liegen jedoch auch die Nachteile: der Vertrieb kann einen hohen organisatorischen Aufwand verursachen. „Aquisationschancen die außerhalb der Verfügbarkeit des eigenen Unternehmens liegen, sind nicht nutzbar."[10] Zum Direktabsatz zählen beispielsweise der Fabrikverkauf, herstellereigene Filialen und der persönliche Verkauf (z.B. Vertreter).

„Marktforschung ist die Lehre von der Gewinnung (Erhebung), Ordnung und Nutzung von Informationen sowie deren Analyse und Interpretation (vgl. Rogge 1981, S. 18)."[11] Bei der Direktmarktforschung können nur Befragungsmethoden angewandt werden.

Public Relations wird auch als Öffentlichkeitsarbeit bezeichnet und umfasst alle Aktivitäten eines Unternehmens die mit den Informationen an Externe und der Meinungsbildung in Verbindung stehen. Die Abbildung 2

---

[8] Dallmer H. (1991): Handbuch Direct Marketing, Wiesbaden, 6. Aufl., S. 7

[9] Pepels W. (2000): Kompaktlexikon Marketing-Kommunikation, Düsseldorf, S. 69

[10] Pepels W. (1996): Beck-Wirtschaftberater, Lexikon des Marketings, München, S. 165

[11] Koch J. (2001): Marktforschung, Begriffe und Methoden, München, 3. Aufl., S. 11

zeigt unterschiedliche Möglichkeiten durch direkte und indirekte Maßnahmen Öffentlichkeitsarbeit zu betreiben:

Abbildung 2: Direktes und Indirektes Public Relations

Kontaktform Zielgruppe	Direkt	Indirekt
Intern	- Informationsveranstaltungen mit Mitarbeitern - Interne Sport-, Kultur- und Sozialeinrichtungen - Betriebsausflüge	- Werkszeitschriften - Anschlagtafeln im Unternehmen
Extern	- Pressekonferenzen - Persönliche Beziehungen zu Meinungsführern - Vorträge, Diskussionen mit Bürgerinitiativen	- redaktionelle Berichte über Produkte/das Unternehmen - Spots/Anzeigen in den Medien - Informationsbroschüren - Unternehmensprospekte

Quelle: Diller H. (Hrsg.) (2001): Vahlens Großes Marketing Lexikon,
München, 2. Aufl., S. 1444 (originäre Quelle: Bruhn (1997) S. 564)

Ausschlaggebend für die Zuordnung zum Direktmarketing ist immer, dass
ein Dialog mit dem Kunden angestrebt wird. Direktmarketing kann somit
sowohl durch Einzel- und Massenansprachen durchgeführt werden. Die
Abbildung 3 zeigt in welcher Beziehung verschiedene Marketingbegriffe
zum Direktmarketing stehen.

Abbildung 3: Direktmarketing und Marketingmix

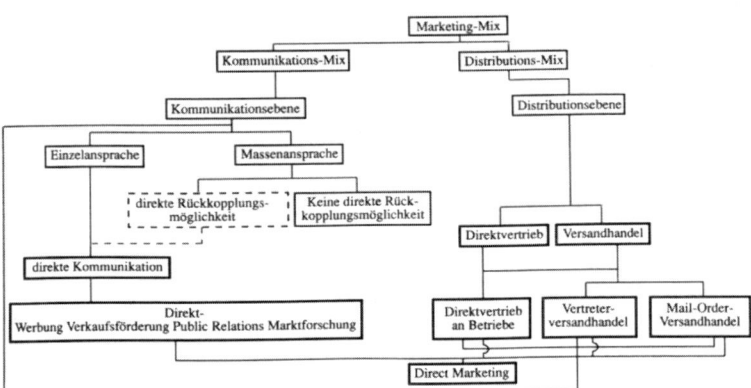

Quelle: Dallmer H. (1991): Handbuch Direct Marketing, Wiesbaden, 6. Aufl., S. 7

Das Besondere beim Direktmarketing im Vergleich zum *indirektem* Marketing ist die Nutzung von Datenbanken, ohne die eine persönliche Ansprache der (potentiellen) Kunden sowie die Verwaltung und Auswertung von Kundeninformationen nicht möglich wäre. Aus diesem Grund hat das Direktmarketing erst mit der Durchdringung der Computern die Bedeutung erhalten, die es heute hat.

1.2. Ziele im Direktmarketing

Ziele sind allgemein betrachtet, Situationen die in der Zukunft angestrebt werden. Ziele beinhalten nicht nur eine Wunschsituation, sondern zusätzlich das Ausmass des Ziels und den Zeitraum in dem das Ziel erreicht werden soll. Ein typisches Ziel wäre beispielsweise: fünf Prozent Umsatzwachstum im nächsten Geschäftsjahr. Dabei ist es wichtig, dass die Ziele die nachfolgenden Bedingungen erfüllen, da ansonsten das Erreichen der Ziele gefährdet ist:

- Realitätsnah: Unerreichbare Ziele wirken auf die Beteiligten demotivierend.

- Konsistent: Die Teilziele dürfen sich gegenseitig nicht widersprechen und die Ziele dürfen nicht ständig geändert werden, damit die Beteiligten eine einheitliche Linie erkennen können.

- Aktuell: Sollte es zu Abweichungen bei wichtigen Einflussfaktoren kommen, müssen die Ziele entsprechend angepasst werden und die Ziele sollten sich an den unternehmensspezifischen Planungs-zeiträumen orientieren.

- Vollständig: Die Zielsituation sollte möglichst umfassend in den aufgestellten Zielen widergespiegelt werden.

- Durchsetzbar: Das Ziel sollte sich an den verfügbaren Mitteln orientieren.

- Transparent: Die Anforderungen müssen für jeden Beteiligten klar erkennbar sein.

- Überprüfbar: Ziele müssen kontrollierbar sein, um den (Miss-)Erfolg feststellen zu können.[12]

Ziele lassen sich in verschiedene Kategorien unterteilen: Marktleistungs-ziele (z.B. Innovationen, Kundenservice), Marktstellungsziele (z.B. Um-satz, Marktanteile), Rentabilitätsziele (z.B. Gewinn, Eigenkapitalrentabili-tät), finanzielle Ziele (z.B. Liquidität), Macht und Prestige (z.B. politischer Einfluss, Image), soziale Ziele (z.B. Mitarbeiterzufriedenheit) und gesell-schaftsbezogene Ziele (z.B. Umweltschutz).[13] Ein Unternehmen hat in der Regel nicht nur ein einziges Ziel, sondern setzt sich eine Reihe von Zielen die anvisiert werden. In diesem Zusammenhang wird häufig auch von Ziel-

---

[12] Pepels W. (1998): Marketing: Lehr- und Handbuch mit Praxisbeispielen, München, 2. Aufl., S. 688

[13] Becker J. (1998) Marketing-Konzeption: Grundlagen des strategischen und operativen Marketing-Managements, München, 6. Aufl., S. 16+17

bündeln gesprochen. Von allen diesen Zielen ist selbstverständlich das Er-
wirtschaften von Gewinnen das höchste Ziel eines Unternehmens.

Das Marketing als ein Unternehmensbereich kann sowohl preispolitische
Ziele (z.B. Durchsetzung von Preisvorstellungen), produktpolitische Ziele
(z.B. Entwicklung und Etablierung neuer Produkte), kommunikationspoli-
tische Ziele (z.B. Erschließung neuer Zielgruppen) und distributionspolit-
ische Ziele (z.B. Ausweitung der Absatzgebiete) verfolgen.[14]

Die Direktmarketingziele leiten sich aus den Marketingzielen ab und diese
wiederum aus den übergeordneten Unternehmenszielen. Dabei ist es
wichtig, dass untergeordnete Ziele auch wirklich dazu dienen die Unternehmensziele zu erreichen, denn Marketingziele werden nicht zum Selbst-
zweck aufgestellt. Auch zwischen den Bereichszielen sollte möglichst
keine Konkurrenz bestehen.[15] Wenn das Unternehmen jedoch Gewinn-
wachstum und Umweltschutz anstrebt, besteht zwar ein gewisser Wider-
spruch. Jedoch dient Umweltschutz in der Regel zur positiven Beein-
flussung des Images und langfristig kann ein positives Unternehmensbild
auch zu vermehrten Umsätzen und Gewinnen führen. Auch hier ist der
Umweltschutz Mittel zum Zweck.
Die Abbildung 4 stellt die beschriebene Zielhierachie grafisch dar:

Abbildung 4: Zielhierachie

Quelle: Eigene Darstellung

[14] Berndt, R. (1995): Marketing, Marketing-Politik, Band 2, Berlin, 3. Aufl., S. 5
[15] Tapp, A. (2001): Principles of Direct and Database Marketing, Harlow, 2. Aufl., S. 114,
116

Im ersten Teil der Arbeit wurde bereits aufgezeigt, dass beim Direktmarketing die Kommunikation mit der Zielgruppe im Vordergrund des Handelns steht. Zusammenfassend lässt sich sagen: Häufig ist die Absatzförderung nicht das primäre Ziel des Direktmarketings, sondern die Generierung von Adressen potentieller Kunden. Welche Ziele können nun mit Direktmarkteting erreicht werden?

- „Adressgenerierung ...,
- Interssenten- bzw. Neukunden-/Mitgliedergewinnung ...,
- Verkauf und Verkaufsförderung ...,
- Vorbereitung von Produkteinführungen ...,..
- Förderung der Stammkundenbindung ...,
- Ausschöpfung von Cross-Selling-Potential,
- Rückgewinnung abgesprungener Kunden ...,
- Schaffung von Goodwill-Potential ...,
- Informationsgewinnung über Interessenten und Kunden ...,
- Außendienstunterstützung,
- Vor- und Nachbereitung von Messe-Engagements."[16]

Es versteht sich von selbst, dass nicht alle Ziele zur gleichen Zeit und in gleichem Umfang maßgeblich sind und von den Unternehmens- und Marketingzielsetzungen abhängig sind. Zum Beispiel wird häufig sehr viel Geld in Neukundenaquirierung investiert und dabei übersehen, dass Umsatzsteigerungen durch Stammkunden weit weniger Aufwand und geringere Kosten verursachen.

Nachdem die Ziele festgelegt sind, ist es wichtig, dass diese Ziele im Unternehmen auch kommuniziert werden. Wenn die Ziele nicht bis zur untersten Ebene vordringen, ist die beste Planung nutzlos. Deshalb ist es wichtig Zielvereinbarungen mit den Mitarbeitern zu vereinbaren und Imageziele ausführlich zu vermitteln.[17] Nach einem angemessenen Zeit-

[16] Dallmer H. (1991): Handbuch Direct Marketing, Wiesbaden, 6. Aufl., S. 426
[17] Dallmer H. (1991): Handbuch Direct Marketing, Wiesbaden, 6. Aufl., S. 427

raum sind die Zielsetzungen auf ihren Erfolg zu kontrollieren, um entweder Fehlentwicklungen gegensteuern zu können und auch Druck ausüben zu können. Ohne eine angemessene Kontrolle werden Ziele außerdem unglaubwürdig.

Wozu stellt ein Unternehmen eigentlich Ziele auf? Ziele dienen als Orientierung für die Entwicklung von Strategien im Unternehmen. Oder anders ausgedrückt: Strategien zeigen Wege auf, wie die aufgestellten Ziele erreicht werden können. Auf die Thematik der Strategien (vor allem im Direktmarketing) wird im zweiten Kapitel ausführlich eingegangen.

2. Strategien

Wie im ersten Teil erarbeitet wurde kann mit Unternehmensziele eine Unternehmensstrategie festgelegt werden. In jedem Bereich wie z.b. Beschaffung, Produktion, Logistik, Marketing wird nun versucht, die Unternehmensziele abteilungsspezifisch umzusetzen. „Das Direktmarketing als direkte Ausprägungsform des Marketing kann in allen Instrumente-Mix- Bereichen (4'Ps) sowohl ergänzend als auch substitutiv zu direkten Mix- Instrumenten eingesetzt werden."[18]

Abbildung 5: Zusammenhang zwischen Ziele und Strategien

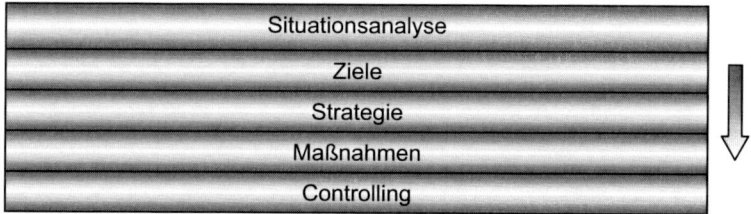

Quelle: In Anlehnung an Dallmer H. (Hrsg.) (1991): Handbuch Direct Marketing, Gabler, Wiesbaden, 6. Auflage, S. 45

Die Abbildung gibt den Zusammenhang zwischen dem ersten Teil der Seminararbeit – den Zielen des Direktmarketings – und dem zweiten Teil – den Strategien des Direktmarketings- wieder.

Während die Unternehmens-, Marketing- und Direktmarketing- Ziele als zukunftsbezogene Vorgabe für das Unternehmen angesehen werden können, stellen Marketingstrategien strukturierte Maßnahmen

---

[18] Dallmer Heinz (Hrsg.), Handbuch Direct Marketing, 6. Auflage, Wiesbaden, Gabler, 1991, S. 42 S. 44

("Kanalisierungen") dar, innerhalb derer sich die Festlegung der Marketing Maßnahmen als operativer Planungsprozeß vollzieht.[19]

Bevor allerdings die Marketing- und schließlich die Direktmarketing-strategien näher erläutert werden, ist es interessant, eine Definition eines berühmten Experten zu einer Strategie im Allgemeinen zu zitieren.

„Strategy is the commercial logic of the business ... what business are we in and what business do we want to be in? Strategy, in this sense, defines the boundary of the business and identifies the competitive advantages or distinctive competences that will enable the business to compete effectively in its chosen business domain" [20]

Somit sind Strategien Überlegungen, in welchem Geschäftsfeld wir tätig sein wollen und welche Aktivitäten wir wählen, um eine vorteilhafte Wettbewerbsposition zu erlangen. Hierbei übernimmt die Strategie eine Schnittstellenfunktion zwischen den Unternehmenskompetenzen und betrieblichen Vorteilen auf der einen Seite und dem Markt auf der anderen Seite, auf dem es gilt ‚sich mittels Strategie bestmöglich zu plazieren.

Abbildung 6: Strategie als Schnittstellenfunktion zwischen Unternehmen und Markt

Quelle: Eigene Darstellung

---

[19] Dallmer H. (Hrsg.) (1991): Handbuch Direct Marketing, Gabler, Wiesbaden, 6. Auflage, S. 42 aus Meffert, (1986), Marketing: Grundlagen der Absatzpolitik, 7. Aufl., Wiesbaden, S55

[20] Jobber, D. (Hrsg.) (1998): Principles and Practice of Marketing, 2nd Edition, Mc Graw-Hill, London, S. 34

2.1. Marketingstrategie

In diesem Gliederungspunkt wird auf allgemeine Marketingstrategien eingegangen, um den Unterschied zu den Direktmarketingstrategien darzustellen. Die Marketingstrategie definiert die wesentlichen Grundlagen, mit denen die Geschäftseinheit ihre Marketingziele in einem Zielmarkt erreichen will. Dazu gehören die grundlegenden Entscheidungen über die Höhe der Marketingaufwendungen, den Marketing-Mix und die Verteilung der verfügbaren Marketingmittel. Wie bereits im Gliederungspunkt 2 in der Definition erläutert wurde, kommt es bei der Formulierung von Marktstrategien ebenfalls darauf an, daß die Stärken und Schwächen der Unternehmung bestmöglich mit den Chancen und Risiken der relevanten Unternehmensumwelt abgestimmt werden. Allerdings wird nun der Vorgang aus Sicht der Marketingabteilung betrachtet.[21]

Laut Becker lassen sich vier marketingstrategische Basisoptionen unterscheiden:

- Marktfeldstrategien (Produkt/ Marktkombinationen)
- Marktstimulierungsstrategien (Art und Weise der Marktbeeinflussung)
- Marktparzellierungsstrategien (Art und Differenzierungsgrad der Marktbearbeitung)
- Marktarealstrategien (Art und Ausmaß geopolitischer Betätigung)[22]

Wie sich die unten genauer erläuterten Strategiealternativen innerhalb dieser Basisoptionen einteilen lassen, zeigt die Abbildung 7:

---

[21] Kotler P./Bliemel F. (1998): Marketing-Management, Schäffer Poeschel, Stuttgart, 7. Auflage, S. 95

[22] Dallmer Heinz (1991.): Handbuch Direct Marketing, Gabler, Wiesbaden, 6. Auflage, S. 42-43

Abbildung 7: Konkurrierende Strategieprofile

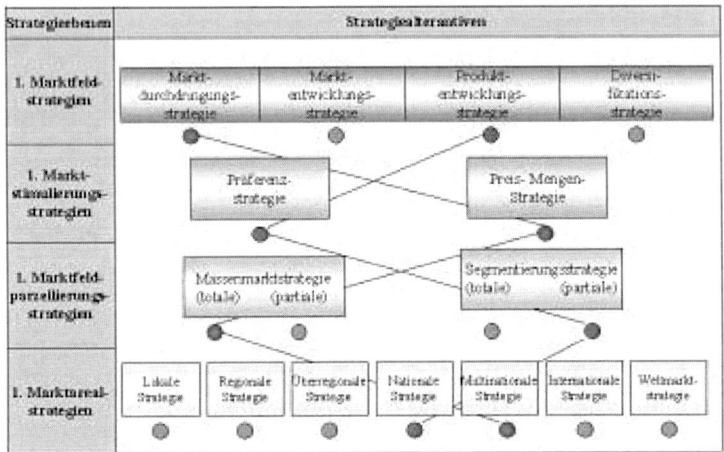

Quelle: Dallmer Heinz (1991): Handbuch Direct Marketing, Wiesbaden, Gabler, 6. Auflage, S. 75 aus Becker, 1988, S. 294

Durch die Verbindung von horizontalen und vertikalen Ausprägungen erhält man ein Strategieprogramm. Dieses zeigt das unternehmens-spezifische Strategieprofil im Wettbewerbsvergleich.[23]

Im nächsten Abschnitt werden die Strategien aus Abbildung 8 näher erläutert. Sehr schön an seinen Ausführungen ist, daß bereits ein Bezug zum Direktmarketing herstellt wird.

---

[23] Dallmer H. (1991.): Handbuch Direct Marketing, Gabler, Wiesbaden, 6. Auflage, S. 74

Abbildung 8   Strategische Stoßrichtungen zur Erschließung von Wachstumsquellen

Quelle: Eigene Darstellung

Strategie der Marktpenetration

Hierbei handelt es sich um Marktdurchdringung mit dem gegenwärtigen Produkt im gegenwärtigen Markt, um mehr Absatz zu erzielen.

Durch das Direktmarketing kann man bei Verfolgung dieser Strategie folgendes erreichen:

- eine Intensivierung der Produktverwendung,
- Gewinnung von Kunden der Konkurrenz durch direkte Ansprache
- Überzeugung bisheriger Nichtverwender des Produkts zur Produktnutzung (z.B. Direct- Mail mit Warenproben),
- Erschließung bisher nicht ausgeschöpfter Marktpotentiale durch mikrographische Segmentierung.[24]

Strategie der Marktentwicklung

Bei Verfolgung dieser Strategie wird das gegenwärtige Produkt in einem neuen Markt plaziert, um bisherige Marktgrenzen für bestehende Produkte aufzubrechen. Im Direktmarketing bietet sich hier der Direktvertrieb an, da

---

[24] Dallmer Heinz (1991): Handbuch Direct Marketing, Gabler, Wiesbaden, 6. Auflage, S. 42

er bei der Erschließung regionaler, nationaler und internationaler Absatzmärkte relativ risikolos ist.[25]

Strategie der Produktentwicklung
In der Strategie der Produktentwicklung wird ein neues Produkt in einem gegenwärtigen Markt entwickelt. Durch eine direkte Ansprache können Cross- Selling- Potentiale erschlossen werden (siehe Finanzdienstleistungssektor).[26]

Diversifikationsstrategie:
Man führt zur Risikostreuung und Wachstumssteigerung ein neues Produkt in einem neuen Markt ein. Im Direktmarketing bietet sich hier der Direktvertrieb an, da er wie in der Strategie der Marktentwicklung bei der Erschließung regionaler, nationaler und internationaler Absatzmärkte relativ risikolos ist.[27]

Marktwahlstrategie:
Bei Verfolgung dieser Strategie wird der Umfang der Marktabdeckung und der Differenzierungsgrad der Bearbeitung festgelegt. Durch das Direct Marketing werden auch kleine Anbieter in die Lage versetzt, spezifische Zielgruppen oder Problemlösungen international zu bearbeiten. Durch Mikrosegmentierung ist eine differenziertere Bearbeitung möglich.[28]

Marktteilnehmerstrategien:
Hierbei handelt es sich um langfristige Verhaltenspläne gegenüber den Marktteilnehmern. In den verschiedenen Entwicklungsstufen existieren kundenorientierte, handelsorientierte und wettbewerbsorientierte Strategieansätze. Im kundenorientierten Ansatz besteht die Wahl zwischen der undifferenzierten und differenzierten Marktbearbeitung. Das

---

[25] Dallmer Heinz (1991): Handbuch Direct Marketing, Gabler, Wiesbaden, 6. Auflage, S. 42
[26] ebenda S. 42
[27] ebenda S. 42
[28] ebenda S. 42

Direct Marketing betreibt hier customized Marketing, indem durch die differenzierte Marktbearbeitung speziell auf die Besonderheiten der Kundengruppen eingegangen wird. [29]

Konkurrenzorientierte Strategieansätze

Hervorzuheben sind hier die systematischen Betrachtungen von Porter: Ziel hierbei ist es, Kosten- bzw. Leistungsvorteile und Marktabdeckung zu erreichen. Folgende 3 Grundkonzeptionen werden unterschieden:

- Kostenführerschaft (Preis- Mengen- Strategie)
- Qualitätsführerschaft
- Nischenstrategie

Direct Marketing kann zur Unterstützung bei allen 3 Konzeptionen innerhalb der konkurrenzorientierten Strategieansätze eingesetzt werden. Durch Direktvertrieb anstelle von Handelsstufen können Kostenvorteile sowohl bei breiter als auch bei enger Marktabdeckung entstehen, was im Direct Marketing auch wie z.B. durch Qualitätsführerschaft zu mehr Kundenzufriedenheit führen kann.[30]

Modulare Marketingstrategien

Direct Marketing wird hier durch Verbindung von kostengünstigen Basisbausteinen mit differenzierten Modulen realisiert.[31]

Handelsorientierte Strategieansätze

Man differenziert bei dieser Strategie in Umgehungs-, Konflikt-, Kooperations- und Anpassungsstrategie. Von Vorteil sind die flexible Anpassungsmöglichkeiten an Zielsetzungen. Als Umgehungsstrategie des Handels kann der Direktvertrieb angesehen werden .[32]

---

[29] Dallmer Heinz (1991): Handbuch Direct Marketing, Gabler, Wiesbaden, 6. Auflage, S. 43

[30] ebenda S. 43

[31] ebenda S. 43

[32] ebenda S. 43

Instrumentalstrategien

Unter den Instrumentalstrategien findet man die Kommunikations-, Produkt-, Kontrahierungs- und Distributionsstrategien. Sie stellen eine Orientierung zur Festlegung der Marketingsmaßnahmen dar.[33]

Da ein Unternehmen heute sehr flexibel sein muss, um sich den ständig verändernden Marktsituationen anpassen zu können, wird in der Praxis ein Strategie Mix angewandt: Dadurch können die Strategien gemischt werden, die optimal zu den Zielen, Produkten und Marktsituationen passen (Synergieeffekt).

2.2. Direktmarketingstrategien

Wie bereits in den Gliederungspunkten Strategien und Marketingstrategien erläutert wurde, umfaßt das Direktmarketing alle Maßnahmen, die darauf abzielen, bestimmten Zielgruppen Waren, Dienstleistungen oder Informationen individuell anzubieten, die Reaktionen auf das Angebot zu erfassen, um dann ansetzend die weitere Zielgruppenbearbeitung möglichst individuell zu gestalten. [34]
In dieser Aussage befinden sich bereits zwei Möglichkeiten, an denen man eine Strategie ansetzen lassen kann, d.h. welche Maßnahmen zur Umsetzung der Strategie ergriffen werden. Abhängig davon, welche Ziele mit einer Direktmarketingstrategie erreicht werden sollen, können verschiedene Werbeträger zum Einsatz kommen oder auch verschieden Zielgruppen, die man bestmöglich mit dem Medium erreichen möchte.

---

[33] Dallmer Heinz (1991): Handbuch Direct Marketing, Gabler, Wiesbaden, 6. Auflage, S. 42-43
[34] Diller H. (Hrsg.) (1992): Vahlens Großes Marketing Lexikon, Vahlen, München, 2. Aufl. S. 205

Beides muss schließlich genau abgestimmt sein, wie das folgende kleine Beispiel zeigt:

Wenn man Seniorendirektmarketing betreibt, ist es nicht sehr sinnvoll, neue Medien wie das Internet oder Handy (SMS) heranzuziehen, da die Zielgruppe aufgrund fehlenden technischen Wissen nicht erreicht werden würde. Darum beschäftigt sich der nächste Abschnitt mit der Zielgruppe.

2.2.1. Zielgruppen

Ein chinesisches Sprichwort sagt: Wer dem Kunden ein Lächeln schenkt, zeigt dem Wettbewerber die Zähne. Allerdings bringt auch das Lächeln nicht den gewünschten Erfolg, die Wettbewerbsposition zu stärken, wenn man das falsche Produkt dem falschen Kunden anbietet. Eine gute Direktmarketingstrategie mit gänzlich falscher Zielgruppe ist nutzlos und kostet nur Zeit und Geld.

Es ist interessant, vorab eine Definition zur Zielgruppe zu zitieren:

„Die Definition der Zielgruppe leitet sich aus der Marktsegmentierung ab und beschreibt die Personen, die die Kaufkraft verkörpern, von der ein Anbieter leben will."[35]

Wie folgende Abbildung zeigt kategorisiert Pepels die Zielpersonen nach folgenden Gesichtspunkten:

- Demographie
- Psychologie
- Soziologie
- Typologie[36]

---

[35] Pepels, W.(1998) Marketing: Lehr- und Handbuch mit Praxisbeispielen, Oldenbourg Verlag, München, S.107

Abbildung 9: Dimensionen zur Zielpersonenbeschreibung

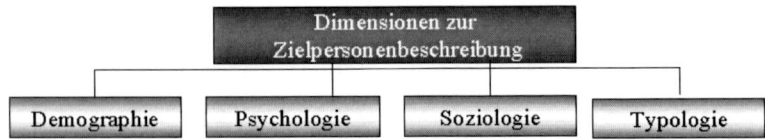

Quelle: In Anlehnung an Pepels, W. (1998): Marketing: Lehr- und Handbuch mit Praxisbeispielen, Oldenbourg München, 2. Aufl. S.107

Demographie

Wenn aufgrund deskriptiver Statistik feststellbare Daten zugrunde liegen, kann die Zielgruppe demographisch bestimmt werden. Dies ist noch die gebräuchlichste Form der Segmentierung. Allerdings vollzieht sich hier ein Wandel, da nicht mehr eine einheitliche Demographie ausschlaggebend für die Zielpersonen ist, sondern ein gleicher Lebensstil.[37]

Demographische Daten sind z.B. Geschlecht, Altersklasse, Ausbildung, Familienstand...

Psychologie

In der Psychologie werden die „verborgenen Beweggründe" untersucht, um damit auf die Ursachen von Kaufentscheidungen zu schließen. Dies geschieht mit Modellen, von denen die Motivation (z.B. Maslowsche Bedürfnispyramide), die Lerntheorie (z.B. von Pawlow und Skinner) und die Risikoreduktion (bei kognitiven Dissonanzen) die wichtigsten sind.[38]

Soziologie

In der Soziologie wird das beobachtbare Verhalten untersucht. Dieser Bereich gewinnt an Bedeutung, da sich ein Trend zur Anpassung oder Absetzung innerhalb der Gesellschaft durchsetzt. Dies geschieht anhand

---

[36] ebenda S.107

[37] Pepels, W.(1998) Marketing: Lehr- und Handbuch mit Praxisbeispielen, Oldenbourg Verlag, München, S.107

[38] ebenda S. 107

von Modellerklärungen, z.B. der Referenzgruppenhypothese, Meinungs-
führerhypothese und Diffusionssatz.[39]

Typologie

Hier finden statistische Reduktionsverfahren Anwendung. Die bekanntesten verfahren hierzu sind vom Spiegel Verlag (Soziale Milieus) und der
Werbeagentur M.C.&L.B. (Life Style).[40]

Nachdem die Zielgruppe festgelegt wurde, stellt sich die Frage, mit
welchem Medium man diese bestmöglich erreichen kann, um eine nutzen-
versprechende Interaktion aufzubauen. Mit den Direktmarketinginstrumenten beschäftigt sich der nächste Gliederungspunkt.

2.2.2. Direktmarketinginstrumente

Wie bereits in der Einleitung die Abbildung ... zeigt, kategorisiert Diller die
Marketing- Maßnahmen nach der Streuweite sowie nach traditionellen und
neuen Medien.
Im folgenden Abschnitt werden nun die Direktmarketing- Maßnahmen
näher erläutert, da sie als Grundvoraussetzung für eine erfolgreiche
Direktmarketingstrategie zu sehen sind. Durch folgende Kanäle kann der
Kunde direkt erreicht werden.

Es wird sich hierbei auf die wichtigsten beschränkt.
Laut Kotler zähle hierzu:

- Face- to Face Selling
- Direct- mail marketing
- Catalog marketing

---

[39] Pepels, W.(1998) Marketing: Lehr- und Handbuch mit Praxisbeispielen, Oldenbourg
Verlag, München, S.107
[40] ebenda S.107

- Telemarketing
- Direct- Response Television Marketing
- Kiosk Marketing[41]

Face- to- Face Selling

Bei Diller entspricht diese Form einem traditionellen Medium. Es ist die älteste Form des Direct Marketings. Laut Abbildung 15 ist diese den 1950er zuzuordnen. Damals betrieb man Direct Marketing als Einzelinstrument. Vorwiegend anzutreffen ist die Form im B2B- Bereich. Hier werden teilweise extra Agenten oder Vertreter beschäftigt, um dieses Instrument weiter auszubauen. Ebenfalls trifft man das Face- to- Face Selling im Versicherungsbereich vorwiegend an.[42] Eine Direkt Verkaufsorganisation ist z.B. Tupperware und AVON. Der Vorteil dieses Instruments liegt darin, daß es sich gezielt zur Individualkommunikation einsetzen läßt.

Direct- Mail Marketing

Eine Direct-Mail kann alles vom Angebot bis zur Mahnung oder einfach nur Werbung sein, solange die Person teilweise direkt adressiert ist.

Genauso wie beim Face-to-Face Selling zeichnet sich dieses Instrumente dadurch aus, daß es sich optimal und gezielt zur Individualkommunikation einsetzen läßt. Weitere Vorteile liegen in der Flexibilität und in der Einfachheit der Messung der Ergebnisse.[43] Dieses Medium wird in jeder Branche eingesetzt und gehört laut Dallmer (siehe Abb. 15) seit den 60er Jahren in der Entwicklung dem separativ-instrumentalen Marketing an.

Aufgrund von technologischen Entwicklungen unterliegt dieser Bereich eines ständigen Wachstums. Augenblicklich gehören laut Kotler folgende 3 Formen zum Direct Mail:

---

[41] Kotler & Armstrong (Hrsg.) (1999): Principles of Marketing, Prentice- Hall London, Eighth Edition , S. 512-513

[42] ebenda S. 512-513

[43] ebenda S. 513

- Fax mail
- E-mail
- Voice mail[44]

Faxgeräte und E- mails haben vor allem den Vorteil gegenüber Briefpost, daß die Nachricht sofort zugestellt werden kann.

E- Mails als wachstumsstärkste Instrumente haben allerdings den Nachteil, daß viel ungebetene Post im Eingang landet. Ist die Ansprache unerwünscht, wird der potentielle Kunde verärgert. Dies wirkt sich auf das Image der Firma aus. Abhilfe aus Kundensicht kann geschaffen werden, indem man sogenannte Spamfilter einbaut. Vorteile sind weiterhin begründet in der Schnelligkeit, Flexibilität und Kostengünstigkeit.

Einen großen Teil der E-Mails machen Newsletter aus. Dazu tragen sich die potentiellen Kunden selbst ein, um Werbung zu erhalten. Es ist somit eine einfache Form der Kundengewinnung.

Die Voice Mail ist eine Alternative zum Anrufbeantworter.[45]

Die letzt genannten Formen zählen bereits zu den neuen Medien, die laut Dallmer seit den 90er das Kundenstamm-/ Databasemarketing begründen (siehe Abb. 15).

Die neuen Medien können noch ergänzt werden um z.B. SMS, Kundenkarten usw. Der Kundenkarte wird sich noch eingehend mit dem Praxisbeispiel gewidmet.

Catalog Marketing

In dieser Direktmarketingform werden Kataloge an eine selektiv gelistete Zielgruppe versandt oder liegen in Läden aus. Seit neuem haben die

---

[44] Kotler & Armstrong (Hrsg.) (1999): Principles of Marketing, Prentice- Hall London, Eighth Edition, S. 513

[45] ebenda S. 513

großen Kataloganbieter eine Herausforderung durch kleine spezialisierte Kataloge erhalten. Diese Anbieter verfolgen eine Nischenstrategie.[46]
Der Vorteil liegt daran, daß sich die meisten Kunden freuen, einen Katalog zu erhalten und würden teilweise sogar dafür zahlen.

Telemarketing

Beim Telemarketing steht das Telefon im Mittelpunkt. Diese Kommunikationsart ist eines der wichtigsten Direkt- Marketing-Instrumente.[47]
Die Definition von Jobber geht zu Telemarketing noch ein bißchen weiter:
„Telemarketing is a marketing communication system where specialists use telecommunication and information technologies ..."[48]
Im folgenden wird aus Gründen der Vereinfachung die Darstellung von Kotler vorgezogen. Außerdem geht diese konform mit der Abbildung 15. Das Telefon gewann in den 70er Jahren an Bedeutung und begründete mit der zunehmenden Flächenabdeckung das spezifikativ funktionale Direct Marketing. Kotler unterscheidet hierzu outbound und inbound tools. Outbound tools werden herangezogen, wenn der Kunde angerufen wird, um Ihm per Telefon direkt etwas zu verkaufen. Die meisten Kunden erhalten gerne Angebot über das Telefon. Allerdings gibt es auch hier schwarze Schafe, die das Desinteresse des Kunden nicht berücksichtigen. Genauso wie beim E-Mail geht das zu Lasten des Firmenimage. Unter Inbound-Aktivitäten sind alle Leistungen, die eingehende Telefon-gespräche betreffen, zu verstehen. Hierzu gehören beispielsweise die Annahme von Beschwerden, Reklamation, Bestellungen usw. von z.B. Teleshopping oder Katalogen. Meist handelt es sich hier um kostenlose Servicenummern.[49]

---

[46] ebenda S. 514

[47] Kotler & Armstrong (Hrsg.) (1999): Principles of Marketing, Prentice- Hall, London, Eighth Edition, S. 514

[48] Jobber, D. (1998): Principles of Marketing, 2nd Edition, Mc Graw-Hill, London, S. 34

[49] Kotler & Armstrong (Hrsg.) (1999): Principles of Marketing, Prentice- Hall, London, Eighth Edition, S. 514-515

Das aktive Telefonmarketing nimmt eine sehr wichtige Position ein. Laut Abbildung 10 steht es an dritter Stelle mit 59% aller Unternehmen, die dieses Medium anwenden.

Direct- Response Television Marketing

Findet Direktmarketing durch das Medium Fernseher statt beinhaltet dies:

- Direct response television advertising oder infomercials
- home shopping channels

Im direct response television advertising sind die Fernsehspots zwischen 60 und 120 Sekunden lang. Unter einer gebührenfreien Nummer kann man das beschriebene Produkt bestellen. Unter informercials versteht man eine 30 Minuten lange Werbesendung für ein einziges Produkt.[50]

Home shopping channels sind Fernsehprogramme oder ganze Sender, die Produkte verkaufen. Die bekanntesten Vertreter hierzu sind in Deutschland QVC (Quality Value Channel) und HSE (Home Shopping Europe).

Kiosk Marketing

Manche Firmen plazieren in Läden, Flughäfen oder anderen Orten ihre Informations- oder Bestellautomaten. Diese heißen Kiosks. Ein Beispiel für einen Kiosk ist z.B. bei Lee Jeans ein Kiosk namens Fit Finder. Hiermit kann man schnell seine Vorlieben für eine Jeans eingrenzen. Ebenfalls einen Kiosk findet man in der Parfümerie Douglas, um das passende Parfum zum Typen zu finden. Oft anzutreffen sind Kiosks auch auf Messen, um Informationen über Produkte zu geben.[51]

Im Schaubild 10 wird die prozentuale Verteilung der in Unternehmen eingesetzten Direktmarketing Instrumente aufgezeigt.

---

[50] Kotler & Armstrong (Hrsg.) (1999): Principles of Marketing, Eighth Edition, Prentice-Hall, London, S.515-516

[51] ebenda S. 516

Abbildung 10: Prozentuale Verteilung des Gebrauchs von Direktmarketinginstrumenten

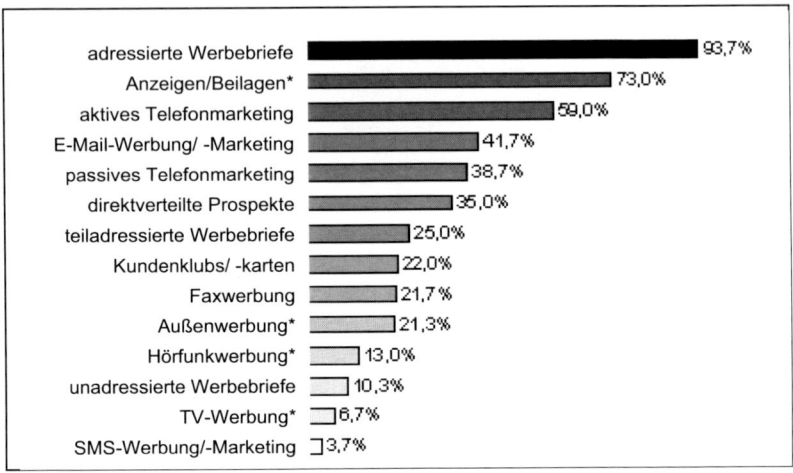

adressierte Werbebriefe	93,7%
Anzeigen/Beilagen*	73,0%
aktives Telefonmarketing	59,0%
E-Mail-Werbung/ -Marketing	41,7%
passives Telefonmarketing	38,7%
direktverteilte Prospekte	35,0%
teiladressierte Werbebriefe	25,0%
Kundenklubs/ -karten	22,0%
Faxwerbung	21,7%
Außenwerbung*	21,3%
Hörfunkwerbung*	13,0%
unadressierte Werbebriefe	10,3%
TV-Werbung*	6,7%
SMS-Werbung/-Marketing	3,7%

Quelle: Studie „Direktmarketing ist Chefsache" von TNS EMNID im Auftrag des DDV, April 2002

Das bedeutendste Instrument des Direktmarketing ist demnach der persönlich adressierte Werbebrief mit 93,7%. Da Doppelnennungen möglich sind, greift die überwiegende Mehrheit auf diesen direkten nicht persönlichen Kontakt zurück. Auf Platz zwei findet man Anzeigen und Beilagen, die jedoch nur zu den Direktmarketing Instrumenten zählen, sofern sie ein Response-Element beinhalten. Im Zeitalter der neuen Medien finden sich allerdings mittlerweile so gut wie immer Möglichkeiten der Rückantwort in Form der E-Mail Adresse oder Telefonnummer. Selbst bei einem Werbespot besteht die Möglichkeit durch mitgelieferte Homepageadresse, direkt als Kunde zu antworten.

Zum Abschluß zeigt die Abbildung 11 eine Zusammenfassung der vorab behandelten Gliederungspunkte zum Thema Ziele und Strategien des Direktmarketings eingegliedert in ein Beispiel zur Umsetzung einer marktorientierten Unternehmensführung. Die Abbildung 5 wurde nun um Beispielen ergänzt.

Abbildung 11. Spezifische Umsatzmöglichkeiten der markorientierten Führung durch Direct Marketing

Situationsanalyse
• Käuferstruktur und –verhalten • Kundenstammanalyse • Rechtliche Voraussetzungen des Direct Marketing • Instrumentelle Einzelkundenanalyse
Marketing- Ziele
• Ausprägung des Customization-Grades • Erhöhung der Vertriebseffizienz • Erhöhung der Kundennähe und –bindung • Einzelpersonenziele
Marketing- Strategie
• Marktpenetration durch Marktsegmentierung • Marktentwicklung über Cross- Selling • Differenzierte Kundenorientierungsstrategie • Kostenvorteilsstrategie durch Direktvertrieb • Umgehungs- und Kooperationsstrategie gegenüber Handel
Marketing Maßnahmen
• Direct Mail • Persönlicher Verkauf/ Verkaufsförderung • Telefonmarketing • Direktvertrieb • Direkte Produktzusatzleistung • Kundenbezogene Preisgestaltung
Marketing- Controlling
• Kundenbezogene Ertragsrechnung • Verbesserte Marketing- Wirkungsanalyse

Quelle: Dallmer Heinz (Hrsg.) (1991): Handbuch Direct Marketing, Gabler, Wiesbaden, 6. Auflage, S. 45

Abschließend läßt sich sagen, daß sich die richtige Direktmarketingstrategie findet, indem man durch die richtigen Kanäle der Direktmarketingmaßnahmen die passende Zielgruppe mit potentieller Kaufabsicht anspricht eingebettet in den Instrumenten- Mix- Bereichen Kommunikation, Distribution, Preispolitik und Produktpolitik, denn es gilt:

„Ein schlechtes Werbemittel an die richtige Adresse verschickt, ist immer noch besser, als das beste Werbemittel an die falsche Adresse verschwendet"[52]

2.3. Leitfaden zur Erstellung eines Direct- Marketing Planungskonzepts

Bevor man einen Leitfaden zur Erstellung eines Direct- Marketing Planungskonzeptes entwickelt, ist es interessant, wer die Entscheidungen über strategische Entscheidung im Unternehmen trifft.

Abbildung 12: Wer trifft strategische Direct Marketingent-scheidungen?

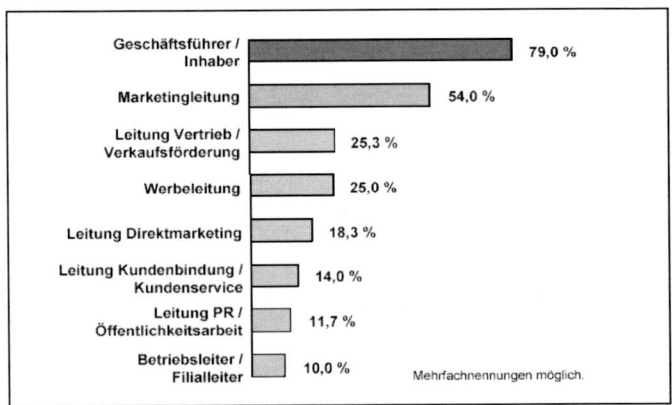

Quelle: Studie „Direktmarketing ist Chefsache" von TNS EMNID im Auftrag des DDV, April 2002

---

[52] Zitat von Reiner Hager In: Kirchner G. (1992), Direktmarketing- Kommunikation, Forkel-Verlag, Wiesbaden, S. 86

In 79% treffen diese Entscheidungen der Geschäftsführer oder Inhaber. In der Hälfte der befragten Unternehmen die Marketingabteilung. Die verantwortliche Instanz kann nun bei der strategischen Entscheidungsfindung beachten, inwieweit ein Projekt erfolgreich geplant wurde.

Einen Leitfaden liefert folgende Formel:

- Welche Zielgruppe
- Kann mein/e Produkt/ Dienstleistung
- Auf Grund welcher Ziele
- Mit welchen Kommunikationsmaßnahmen
- Im Rahmen eines bestimmten Budgets
- Erfolgversprechend angeboten werden?[53]

Dem gleichen Konzept folgt auch Dallmer wie die Abbildung 13 zeigt.

Eingebettet in ein Informations- und Steuerungssystem soll ein effizienterer Ablauf des Planungsprozesses gewährleistet werden.
Durch eine eigene Marketing- Database soll es ermöglicht werden, fundierte Marketingentscheidungen zu treffen. Im Steuerungssystem kommen Checklisten zur Überprüfung und Steuerung verschiedener Abläufe zum Einsatz. Zum Beispiel kann hiermit überprüft werden, welche Medien maßgebend zur Zielerreichung beitragen können. „Ein zentrales Element des Steuerungssystems stellt die Erfolgskontrolle dar." Das Marketing- Audit beinhaltet eine kritische Überprüfung der Marketing- Aktivitäten. Hier könnte zum Beispiel die Erreichung der Ziele und Strategien präsentiert werden.[54]

---

[53] Kirchner G. (1992), Direktmarketing- Kommunikation, Forkel, Wiesbaden, S. 117

[54] Dallmer Heinz (Hrsg.) (1991): Handbuch Direct Marketing, Gabler, Wiesbaden, 6. Auflage, S. 432-443

Abbildung 13: Direct- Marketing- Planungskonzept

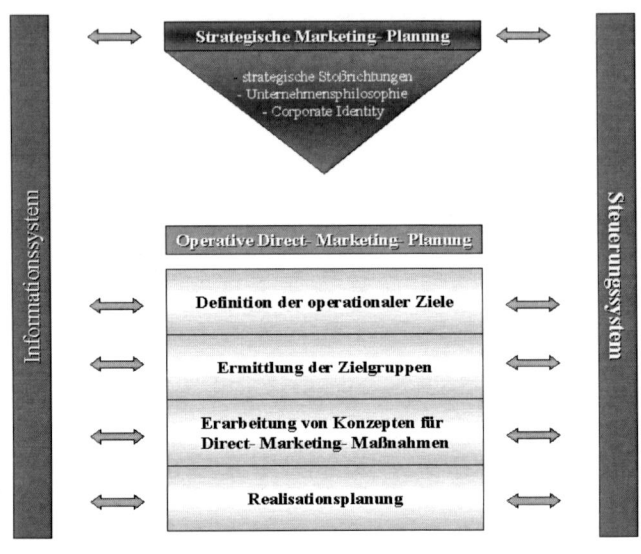

Quelle: Dallmer Heinz (Hrsg.) (1991): Handbuch Direct Marketing, Gabler, Wiesbaden, 6. Auflage, S. 424

In der operativen Direct- Marketing- Planung werden vorab die operationalen Ziele definiert. Die Ziele wurden eingehend im Gliederungspunkt 1.2 erläutert. Zusammenfassend hinsichtlich der Planungsschritte einer Direct- Marketing- Aktion müssen folgende Fragen beantwortet werden:

- Was soll erreicht werden?   -> Zielinhalt
- Welches Ausmaß ist angestrebt?   -> Zielausmaß
- Wann soll das Ziel erreicht werden?   -> Zielzeitpunkt
- Welche Güter stehen im Mittelpunkt?   -> Zielgüter
- Welche Personen sind angesprochen?   -> Zielgruppe
- Welche geographische Raum ist relevant?   -> Zielraum
- Welche finanziellen Mittel sind verfügbar?   -> Zielbudget
- Worauf basiert die Zielsetzung?   -> Zielprämissen[55]

---

[55] Dallmer Heinz (Hrsg.) (1991): Handbuch Direct Marketing, Gabler, Wiesbaden, 6. Auflage, S. 425

Zur Ermittlung der Zielgruppe können Adreßverlagen herangezogen werden. Mit den erhaltenen Daten einer ordentlich geführten Database können Profile unterschiedlicher Zielgruppen abgeleitet werden. Wenn externe Adreßverlage herangezogen werden, sollte auf jeden Fall, bevor es zum Einsatz des Adressenmaterial kommt, ein Abgleich mit der eigenen Database erfolgen, um keine Stammkunden mit einer Schreiben zur Neukundengewinnung zu verärgern.[56]

Im Gliederungspunkt wurden bereits die Direkt- Marketing- Maßnahmen besprochen. „Je genauer die Zielgruppe bereits bekannt ist, desto leichter hier die Auswahl der zu belegenden Medien." Bei der Erarbeiten von Konzepten für Direkt- Marketing- Maßnahmen werden auch Schubladenpläne erarbeitet. Dies sind Strategien und Konzepte, wenn unvorhersehbare Ereignisse dazu zwingen. Gründe hierfür können zum Beispiel rechtlicher Natur sein oder durch einen anderen Wettbewerber ausgelöst sein, so daß sich die Rahmenbedingung für die Maßnahme geändert haben. In der Realisationsplanung gilt es, den Ablauf zügig und reibungslos zu halten. Hier befindet sich der exakte Zeitplan.[57]

Wenn nun alle diese Planungsschritte zum Erarbeiten eines Direktmarketingkonzeptes erfolgreich umgesetzt wurden und somit besondere Markterfolge zu verzeichnen sind, kann ein Unternehmen als Auszeichnung bestimmte Awards erhalten. Da dieser Teil der Seminararbeit speziell Strategien im Direktmarketing behandelt, soll sich das nächste Kapitel näher mit dem Eddi- der „Oskar" für die beste Strategie im Direktmarketing beschäftigen.

---

[56] Dallmer Heinz (Hrsg.) (1991): Handbuch Direct Marketing, Gabler, Wiesbaden, 6. Auflage, S. 427-428

[57] ebenda S. 424

2.4. Der Eddi – der „Oskar" für die beste Strategie

Abbildung 14: Die Eddi- Trophäe

Quelle: http://www.ddv.de/downloads/Presse/EDDI-Trophaee.jpg

Eddi steht für Erfolg durch Direktmarketing und wird vom DDV seit 1993 den Firmen oder Organisationen verliehen, die aufgrund ihrer effizienten und kreativen Direktmarketing-Strategie überdurchschnittliche Markterfolge vorweisen können. Gefördert wird der Preis von der Deutschen Post AG. Im Jahr 2002 gewann die Loaylity Partner GmbH in München für das Bonuspunkteprogramm Payback den Eddi. Im letzten Kapitel wird auf die Ziele und Strategien des Gewinners aus dem Jahr 2002 näher eingegangen, um die Thematik mit einem Praxisbeispiel abzurunden. Der Eddi 2003 geht an die Deutsche Behindertenhilfe- Aktion Mensch e.V. Ihr Ziel ist es, auf Benachteiligung von Menschen mit Behinderung aufmerksam machen. „Um die Effizienz der Marketing Maßnahmen zu erhöhen, werden die Dialogmarketing-Aktivitäten so in die klassische Werbeschwerpunkte integriert, daß die Aussendung der Dialogmaßnahmen punktgenau zum höchsten Werbedruck erfolgt." Laut DDV-Präsidentin Kerstin Plehwe setzt die Aktion Mensch schon „aufgrund ihrer Unternehmens- Philosophie auf die Auseinandersetzung und auf den Dialog mit Menschen."[58]

---

[58] Deutscher Direktmarketing Verband e.V. (2003): Der EDDI 2003 geht an die Aktion Mensch <http://www.ddv.de/unsere_aufgaben/
index_unsere_aufgaben_presse_6299.htm> (28.10.2003)

Der DDV veranstaltet noch eine Reihe von weiteren Wettbewerben, die unterschiedliche Bereiche des Direktmarketings auszeichnen. Hervorragende Kampagnen werden mit der Trophäe ddp (Deutscher Dialogmarketing Preis) hinsichtlich Effizienz, Kreativität und Qualität gekrönt.[59]

Zum Beispiel hat die Agentur Proximity Group Germany den dpp für die Kampagne der Deutschen Telekom – das Happy Digits Topkundenkonzept - erhalten.[60]

In der Hall of Fame werden durch den DVV einzelne Personen als Zeichen großer Wertschätzung ihrer Person und Schaffens geehrt. Mit dem e-talents awards werden junge Multimedia- Talente (nicht älter als 25 Jahre) für ihre Ideen und Wissen gefördert. Den Alfred Geradi Gedächtnispreis (AGGP) verleiht der DVV an Studenten für die beste Abschlussarbeit.[61]

---

[59] Deutscher Direktmarketing Verband e.V. (2003): Awards
<http://www.ddv.de/unsere_aufgaben/index_unsere_aufgaben_themenkatalog_awards.ht m> (28.10.2003)
[60] Deutscher Direktmarketing Verband e.V. (2003):
<http://www.ddv.de/downloads/Shortlist.pdf> (29.10.2003)
[61] Deutscher Direktmarketing Verband e.V. (2003): Awards
<http://www.ddv.de/unsere_aufgaben/index_unsere_aufgaben_themenkatalog_awards.ht m> (28.10.2003)

2.5. Zukunftsvision- die totale Vernetzung als Erfolgsstrategie

Abbildung 15: Entwicklung des medialen Einsatzes und Anspruchsspektrums des Direct Marketing im Zeitablauf

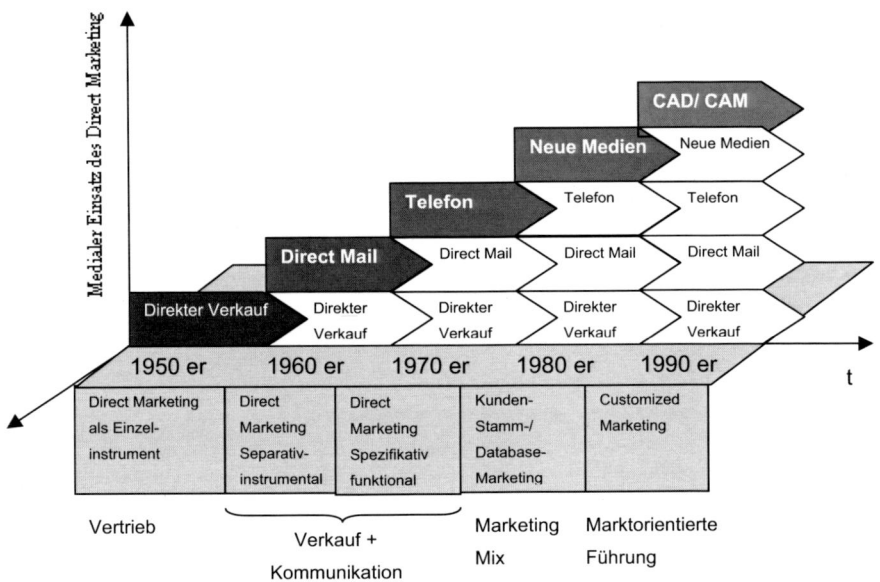

Quelle: Dallmer H. (1991): Handbuch Direct Marketing, Gabler, Wiesbaden, 6. Auflage, S.38

Wie die Darstellung zeigt hängt die Entwicklung des Marketings stark mit den technischen Entwicklungen zusammen. In den 90er wurden die neuen Medien entdeckt. Hierunter ist auch unser Praxisbeispiel über die Payback – Karte des nächsten Kapitels einzuordnen. Es sind nun der Kreativität und den damit verbundenen Zukunftsvisionen keine Grenzen gesetzt, wohin sich das Marketing und damit verbunden das Direktmarketing bewegen wird. Dies hängt davon ab, inwieweit neue Technologien entwickelt werden. Ein Direktmarketingziel ist z.B. die Informationsgewinnung über potentielle Kunden. Dieses Wissen um den potentiellen

Kunden könnte man durch die „totale Vernetzung" bis hin zum „gläsernen Menschen" erreichen. Wenn es nun möglich wäre, alle Daten des Kunden sofort übermittelt zu bekommen, und damit eine allumfassende Datenbank zu schaffen mit Möglichkeit der direkten Rückantwort. Z.B „das komplette Leben" könnte auf einem Chip gespeichert sein, der sich automatisch über Präferenzen und Vorlieben und möglichen anstehenden Käufen aktualisiert, damit man das Bedürfnis eines potentiellen kennt, bevor es zum Bedarf wird. Somit könnte man den Kunden zu richtigen Zeit direkt über Direktmarketinginstrumente ansprechen. Die naheliegende Möglichkeit der momentanen Technik schließt als Datenträger auf das Handy, da dies ein sehr persönlicher Gegenstand ist und meist mit sich geführt wird. Außerdem ist zu erwarten, daß das Handy immer mehr Funktionen dazu gewinnen wird und sich somit zu einem kleinen Pocket-computer weiterentwickelt. Um Käuferdaten zu speichern, ist eine Zahlfunktion integriert. Ebenfalls sämtliche anderen Daten werden auf dem „Pocket computer" gespeichert und übernimmt somit sämtliche Karten wie Führerschein, Fahrzeugschein, Personalausweis... . Den Möglichkeiten sind hier keine Grenzen gesetzt.

Aber dies ist alles noch Zukunftsmusik. Das nächsten Kapitel widmet sich daher einem aktuellen Beispiel des Direktmarketing und den damit verbundenen Zielen und Strategien. Wie im Gliederungspunkt Eddi erläutert wurde, hat das Bonuspunkteprogramm Payback von der Loyalty Partner GmbH 2002 den Eddi erhalten. „Die Strategie von Payback verbindet anspruchsvolle und hohe Serviceleistungen zu einem außergewöhnlich effektiven und erfolgreichen Kundenbindungssystem"[62] und eignet sich geradezu perfekt den Theorieteil über Ziele und Strategien des Direktmarketings als Praxisbeispiel abzurunden.

---

[62] Horizent.net (2003):

<http://www.horizont.net//archiv/horizont_net/show.prl/news/pages/show.prl?id=36266>

(24.10.2003) Zitat Walter Plötz, Public Dialog Hamburg

3. Kundenkarten im Direktmarketing

Die Kundenkarte (auch Bonuskarten genannt) ist ein Direktmarketing-Medium, mit dem man bei richtigem Einsatz besonders einfach die gewünschten Daten von einzelnen Kunden erhält und zusätzlich den Kunden mit passgenauer Werbung umwerben kann. Der Erfolg einer Kundenkarte ist nicht auf kurzfristige Effekte ausgerichtet, sondern es wird auf die langfristige Wirkung abgezielt. Kundenkarten ergänzen somit die bisherigen Möglichkeiten des Marketings.

In anderen Ländern gehören Kundenkarten schon seit längerem zum Alltag der Kunden und zum normalen Repertoire des Direktmarketings. Seit der Aufhebung des Rabattgesetzes boomt die Kundenkarte als Direktmarketing-Medium auch in Deutschland. Weitere "Gründe für diese Entwicklung sind der generelle Wandel im Marketing hin zum Beziehungsmanagement, eine sinkende Einkaufsstättenbindung und die neuen technischen Möglichkeiten bei der Verwaltung von Kundendaten."[63]

Mittlerweile kann so ein Portemonnaie eine stattliche Größe annehmen – auch wenn sich kein Geld darin befindet. Viele Handelsunternehmen geben entweder ihre eigene Kundenkarte heraus oder schließen sich einem Verbund wie Payback oder den City-Cards an.

Dieses Kapitel beschäftigt sich mit den Zielen, der Funktionsweise und der Datenauswertung von Kundenkarten. Abschließend werden einige Kundenkartenkonzepte näher vorgestellt.

3.1. Ziele

Kundenkarten werden vor allem mit der Festigung der Kundenbindung in Verbindung gebracht, jedoch können mit dem Einsatz der Karten weitere Ziele erreicht werden: Erhöhung des Filialtraffic, Steigerung des Um-

---

[63] Wassel, P. (2002): Kundenkarten – Chancen für die Hersteller, In: Direkt Marketing, Heft 5/2002, S. 46

satzes, Gewinnung von Marktanteilen, Reduzierung des Margendrucks, Verbesserung des Images und Erhöhung des Bekanntheitsgrades sowie Kundenneugewinnung.[64, 65]

Eine enge Kundenbindung durch eine Kundenkarte kann nur entstehen, wenn die gesammelten Daten auch aktiv ausgewertet und für Marketingzwecke genutzt werden. Darin besteht die eigentliche Rentabilität einer Kundenkarte für ein Unternehmen. Mit den Informationen der Kunden über ihre Interessen und Kaufgewohnheiten, lässt sich nicht nur gezielte Werbung verwirklichen, sondern auch die Beziehung zum Kunden vertiefen. Der Kunde hat so das Gefühl, das jeweilige Unternehmen kennt seine Wünsche und geht durch gezielte Angebote darauf ein.[66] Zum Beispiel können Kunden gezielt zu Events eingeladen werden, Gratisproben verteilt werden oder Pretests mit neuen Produkten durchgeführt werden. Dadurch können bestimmte Kundenkreise (zum Beispiel ältere Menschen) besonders aufmerksam beraten und betreut werden. Die Ergebnisse zu den Produkttests können ebenfalls ausgewertet und für eine optimale Sortimentsgestaltung verwendet werden.[67]

Kaufhof hat zum Beispiel für besonders treue Kundinnen die eine Kundenkarte besitzen, den Sommerschlussverkauf eine Stunde früher eröffnet, um so ein ungestörtes Einkaufen zu ermöglichen.[68]

Der Kunde muss also zunächst einmal dazu gebracht werden, dass er die Karte möglichst bei jedem Kauf einsetzt und so eine Datenspur hinterlässt. Die Karte muss also mit attraktiven Vorteilen ausgestattet sein, da der

---

[64] Wittbrodt, E. J. (1996): Die Kundenkarte, Für welche Ziele und Unternehmen ist sie sinnvoll einsetzbar? In: Direkt Marketing, Heft 2/1996, S. 16+17

[65] Holz, S. (1998): Die Kundenkarte als Instrument zur Kundenbindung im deutschen Einzelhandel, In: Direkt Marketing, Heft 4/1998, S. 31

[66] Rudolf, N. (2002): Kundenkarte und Couponing – mit- oder gegeneinander? In: Direkt Marketing, Heft 5/2002, S. 49

[67] Stoff, A./Schröder M. (2002): Bonbon(u)s für die Kunden, Was bonusgestützte Kartensysteme leisten, In: Direkt Marketing, Heft 10/ 2002, S. 37

[68] Gorgs, Claus (2001): Essen mit Popstars, In: Wirtschaftswoche, Heft 36/2001, S. 62

Kunde ansonsten kaum bereit sein dürfte, die Karte zu verwenden und sich selbst zum gläsernen Kunden zu machen. Die Erfahrung zeigt, dass die Gewährung von Rabatten oder Bonuspunkten den notwendigen Anreiz zum Einsatz der Karte gibt.[69] Durch die stetige Gewährung von Rabatten und/oder Bonuspunkten kann auch der Druck der Kunden, Preisnachlässe zu geben, vermindert werden. Schließlich erhält der Kunde durch die Kundenkarte bereits einen Rabatt.

Wenn es also erreicht wird, durch die Kundenkarte die bestehenden Kunden an das Unternehmen zu binden, steigt wie oben erwähnt, auch das Filialtraffic. Das Geschäft wird somit häufiger frequentiert, als ohne Karte. Durch die verstärkte Kundenbindung und die daraus resultierende stärkere Frequentierung der Geschäfte, steigen ebenfalls der Umsatz und im besten Fall kommt es auch zu einer Vergrößerung der eigenen Markt-anteile. Die Kundenkarte wirkt wie ein Reminder im Portemonnaie. Allein dadurch steigt der Umsatz der Unternehmen.[70]

Die bevorzugte Behandlung von Kunden mit Kundenkarten (zum Beispiel verlängertes Rückgaberecht, kostenlose/ermäßigte Änderung von Kleidung) kann zu einer Verbesserung des Image führen. Diese positiven Einkaufserlebnisse werden auch an Bekannte und Verwandte weiter ge-geben und können so zu einem größeren Bekanntheitsgrad des Unterneh-mens und gegebenenfalls auch zur Akquirierung von Neukunden führen.[71]

Die Attraktivität einer Kundenkarte lässt sich durch die gleichzeitige Funk-tion als Kreditkarte noch erhöhen. Der Kartenhersteller Norbert Rudolf hält es für denkbar, dass Kundenkarten künftig auch als Eintrittskarte zum Bei-

---

[69] Holz, S. (1998): Die Kundenkarte als Instrument zur Kundenbindung im deutschen Einzelhandel, In: Direkt Marketing, Heft 4/1998, S. 32
[70] Wittbrodt, E. J. (1996): Die Kundenkarte, Für welche Ziele und Unternehmen ist sie sinnvoll einsetzbar? In: Direkt Marketing, Heft 2/1996, S. 16
[71] ebenda S. 17

spiel für Museen, Skilift oder andere kulturelle Einrichtungen dienen könnten.[72]

3.2. Funktionsweise

Wie funktioniert nun so eine Kundenkarte? Das Prinzip ist einfach: Der Kunde erhält beim Einkauf mit der Kundenkarte Punkte gutgeschrieben oder bekommt im besten Fall umgehend einen Rabatt. Ab einer bestimmten Punktzahl kann der Kunde zwischen einer Barauszahlung der Rabattpunkte oder verschiedenen attraktiven Prämien wählen.

Abbildung 16: Händler-Clearing bei Multipartner-Systemen

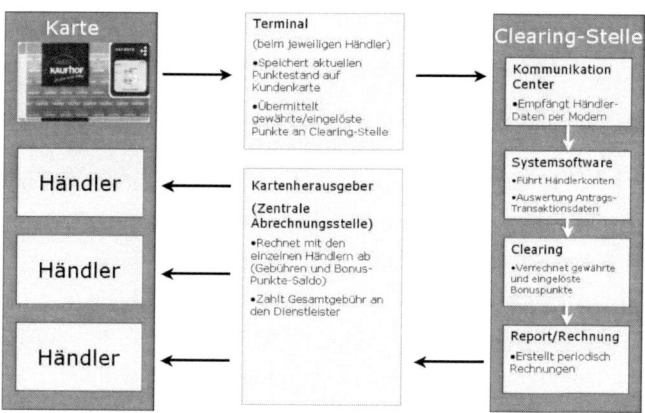

Quelle: Stoff, A./Schröder M. (2002): Bonbon(u)s für die Kunden, Was bonusgestützte Kartensysteme leisten, In: Direkt Marketing, Heft 10/2002, S. 38

---

[72] Rudolf, N. (2002): Kundenkarte und Couponing – mit- oder gegeneinander? In: Direkt Marketing, Heft 5/2002, S. 49

Wie funktioniert jedoch ein Bonuskartensystem im Hintergrund? In der Abbildung 16 wird ein sogenanntes Händler-Clearing bei Multipartner-Systemen grafisch dargestellt. Der Händler/ das Unternehmen erhält vom Kartenherausgeber die Kundenkarten, die dieser wiederum an seine Kunden aushändigt. Sobald ein Kunde die Kundenkarte bei seinem Einkauf einsetzt, werden die Daten mittels Terminal an die Clearing-Stelle übermittelt und der aktuelle Bonusstand wird auf der Karte gespeichert. Die Clearing-Stelle verarbeitet die Daten, verwaltet die Händlerkonten sowie die gewährten und eingelösten Bonuspunkte pro Händler. In regelmäßigen Abständen stellt die Clearing-Stelle über die zentrale Abrechnungsstelle Rechnungen an die einzelnen Händler/Unternehmen, in denen der Bonuspunktesaldo und anfallende Gebühren verrechnet werden.

3.3. Datenauswertung und -nutzen

Die teilnehmenden Unternehmen können durch den Einsatz der Punktekarte genau nachvollziehen, welche Einkaufsgewohnheiten der einzelne Kunde hat. Folgende Fragen sind interessant: Wie viel Geld gibt ein Kunde pro Einkauf und Monat aus? Aus welchen Segmenten kauft er ein? Kauft der Kunde ausschließlich wenn Sonderaktionen angeboten werden (zum Beispiel Preisnachlässe für Besitzer der Kundenkarte) oder kauft er auch unabhängig davon regelmäßig ein?[73]

Besonders wertvoll sind diese Informationen, wenn vor der Nutzung ein Antragsformular vom Kunden ausgefüllt wird, bei dem das Unternehmen zusätzliche Informationen wie Alter, Geschlecht, Wohnort und Einkommen erhält. Die Kundenkarte bietet als einziges Marketing-Instrument die Möglichkeit so viele Informationen über die Kunden zu sammeln und die Informationen lassen sich dennoch exakt dem einzelnen Kunden zuordnen.

---

[73] Stoff, A./Schröder M. (2002): Bonbon(u)s für die Kunden, Was bonusgestützte Kartensysteme leisten, In: Direkt Marketing, Heft 10/ 2002, S. 37

Derzeit werden diese Möglichkeiten jedoch noch nicht ausgeschöpft. Die Daten werden zwar gesammelt, aber selten gezielt ausgewertet und genutzt.[74] Das ist auch der größte Kritikpunkt der Kundenkarten. Dabei dürfte die Nutzung der Daten kein Problem sein. Es gibt durchaus Dienstleister auf dem Markt, die nicht nur die Ausgabe der Karten und die Abrechnung übernehmen sondern auf Wunsch zusätzlich die Datenauswertung.[75]

Bei der Auswertung werden die Kunden „'geclustert', d.h. in mehr oder weniger homogene Einheiten wie ABC-, Lebensphasen- oder RFM-Gruppen unterteilt . (RFM steht für Recency, Frequency, Monetary)". Die Kunden werden also nach ihrem Kaufverhalten und den persönlichen Merkmalen in Gruppen eingeteilt. Dies ermöglicht wichtige Untersuchungen über das Kaufverhalten und die Konsumwünsche der einzelnen Gruppen.[76]

Mit dieser Kundenkatalogisierung werden beispielsweise bei Payback die Marketing-Maßnahmen für die einzelnen Gruppen abgestimmt:

„Ein Beispiel: Susanne B. ist Mutter von zwei Kindern, kauft deshalb regelmäßig bei dm-drogerie markt [sic] ein und tätigt ihren Samstagseinkauf bei real. Gleichzeitig begeistert sie sich für Promotions und nimmt das Serviceangebot des Payback Call Centers gerne in Anspruch. Susanne B. wäre somit in einem bestimmten Segment, etwa der "Vielkäufer aus jungen Familien", zu finden. Aus diesem Wissen leiten wir konkrete Marketing-Maßnahmen ab, wie Cross Promotions, spezielle Kaufangebote oder hochwertige Prämien mit Zielgruppenspezifischem Angebot."[77]

---

[74] Stoff, A./Schröder M. (2002): Bonbon(u)s für die Kunden, Was bonusgestützte Kartensysteme leisten, In: Direkt Marketing, Heft 10/ 2002, S. 36+37

[75] Wittbrodt, E. J. (1996): Die Kundenkarte, Für welche Ziele und Unternehmen ist sie sinnvoll einsetzbar? In: Direkt Marketing, Heft 2/1996, S. 16

[76] Stoff, A./Schröder M. (2002): Bonbon(u)s für die Kunden, Was bonusgestützte Kartensysteme leisten, In: Direkt Marketing, Heft 10/ 2002, S. 37

[77] Schoeffner, A. <Andrea.Schoeffner@loyaltypartner.com (16.10.03): „AW: Studienarbeit" Persönliche Email

Die Auswertung der Käufe ist bei Payback unter anderem auch die Grundlage für die differenzierte Versendung von Rabattgutscheinen. Es ist zu vermuten, dass Stammkunden höhere Gutscheine erhalten als Kunden, die nur mit Gutscheinen einkaufen.

Ohne eine Auswertung der Kundendaten erfüllt die Kundenkarte nicht ihren eigentlichen Zweck und es besteht die Gefahr, dass sich die Kosten für die Implementierung und Aufrechterhaltung des Systems nicht amortisieren. „Karten sind keine Selbstläufer, die Kundenbindung quasi selbsttätig erzeugen."[78] Ohne die direkte Kommunikation mit den Kunden und die ausschließliche Konzentration auf Rabatte und Boni, „bewegt [man] sich fast immer in eine[r] tödliche[n] Abwärtsspirale von Niedrigstpreisen und Nachlässen."[79] Kundenbindung sollte auf mittel- und langfristigen Erfolg ausgerichtet sein und ist nicht durch kurzfristige Preisnachlässe zu erhaschen. Eine gute und nachhaltige Beziehung zum Kunden benötigt eben auch Zeit zum Wachsen.

Im Gegensatz zu anderen Direktmarketingmedien verursachen Kundenkarten für die Gewährung von Prämien keine zusätzlichen Kosten, die am Anfang des Jahres im Budget berücksichtigt werden müssten. Die Einlösung der Prämien kann auf Basis der zuvor gewährten Bonuspunkte basieren und verursacht so keine unüberschaubaren Kosten.[80]
„Als Faustregel gilt aber: Um fünf bis acht Prozent sollte ein Unternehmen seinen Umsatz pro Kunde steigern, damit sich ein Bonusprogramm rechnet."[81]

---

[78] Stoff, A./Schröder M. (2002): Bonbon(u)s für die Kunden, Was bonusgestützte Kartensysteme leisten, In: Direkt Marketing, Heft 10/ 2002, S. 37

[79] Rudolf, N. (2002): Kundenkarte und Couponing – mit- oder gegeneinander? In: Direkt Marketing, Heft 5/2002, S. 49

[80] Rudolf, N. (2002): Kundenkarte und Couponing – mit- oder gegeneinander? In: Direkt Marketing, Heft 5/2002, S. 50

[81] Krah, E.-S. (2000): Rabattsysteme Geld zurück – Kunde bleibt, In: Sales Profi Heft 9/2000, S. 11

Durch die Verwendung einer Kundenkarte macht sich eine Person, wie bereits angesprochen, selbst zum gläsernen Kunden. Ein Missbrauch dieser Daten oder auch nur eine Weitergabe der Adressen ist vermutlich nicht zu befürchten, da bei dem kleinsten Verdacht auf Missbrauch das Image einer Kundenkarte unwiderruflich geschädigt wäre. Die Anbieter von Kundenkartensystemen dürften allein aus diesem Grund bestrebt sein, jegliche Irritationen zu vermeiden. Das dürfte auch der Grund für die rege Verbreitung der Kundenkarten in Deutschland sein, die in den letzten Jahren stattgefunden hat.

3.4. Kundenkarten-Konzepte in Deutschland

Die Kundenkarte Miles & More der Lufthansa war die erste große Kundenkarte in Deutschland. Derzeit gibt es etwa 400 Kundenkarten.[82] Die zwei bekanntesten Konzepte sind die Paybackkarte und die Happy Digits-Karte, die große Konkurrenten sind. Derzeit kennen knapp 60 Prozent der Deutschen die Paybackkarte und 27,2 Prozent die Kundenkarte Happy Digits.[83], [84]

Das Payback-Konzept zeichnet sich dadurch aus, dass der Kunden bei Unternehmen aus verschiedenen Branchen eine einzige Kundenkarte nutzen kann und die Nutzung für den Kunden zudem kostenlos ist. Das Payback-Konzept wurde von dem Münchener Unternehmen Loyalty Partner GmbH entwickelt. Eigentümer sind die Lufthansa Commercial Holding GmbH (52,6 %, Tochtergesellschaft der Deutschen Lufthansa AG), die Metro AG (25,1%), der Gründer Alexander Rittweger (14,8 %) sowie Roland Berger (7,5 %). Derzeit werden 12 Millionen Kundenkarten von Payback in Deutschland eingesetzt (Stand: September 2003). Bei dieser

[82] Wieking, Klaus (2002): Mit Digits gegen Payback punkten, In: Werben und Verkaufen, Heft 4/2002, S. 40

[83] Karten Heft 3/2002, S. 36

[84] Loyalty Partner GmbH (2003): Pressemitteilung 26. Mai 2003 < http://www.loyaltypartner.com/meldungen/030526_stern_trendprofile.htm> (25.10.03)

Kundenkarte handelt es sich um eine Multipartnerkarte, das heißt die Karte wird nicht von einem einzigen Unternehmen akzeptiert, sondern von einer Vielzahl von Firmen. Diesem Konzept haben sich in den letzten Jahren zunehmend mehr Unternehmen angeschlossen. Heute kann die Payback-Karte bei folgenden Partnern eingesetzt werden: AOL, Apollo-Optik, Consors, DEA, dm, Europcar, FTI-Touristik, Galeria Kaufhof (Horten, Emotions), OBI, Palmers, real,- , Sportarena und WMF-Filialen.

Beim Einsatz der Payback-Karte erhält der Karteninhaber bei den Partnern einen Payback-Punkt je einem/zwei Euro Umsatz auf sein Konto gutgeschrieben.[85] Ein solcher Punkt ist ein Cent wert. Die Höhe der Punkte ist abhängig vom Partner und zum Teil auch vom gekauften Produkt. So lassen sind die Händler allein durch die differenzierte Bonifizierung in der Lage, einzelne Waren zu bewerben. Die Paybackpartner gewähren also einen Rabatt von einem Prozent auf ihr Sortiment. Ab 1.500 Punkten können die Kunden ihre gesammelten Punkte in Bargeld, Gutscheine oder Sachprämien einlösen. Bei den Prämien kann der Karteninhaber aus einer ganzen Reihe interessanter Angebote wählen: Kinogutscheine, Zeitungsabonnements, Haushaltsgegenstände bis hin zum Mietwagen.

Analog zur Paybackkarte gibt es die Kundenkarte Happy Digits von Karstadt Quelle und der Deutschen Telekom. Die Unterschiede liegen zum einen bei der Gestaltung des Rabattsystems und zum anderen in der Zahl der teilnehmenden Partner. Die Payback-Karte setzt auf bekanntere und somit attraktivere Partner als Happy Digits. Folgende Partner beispielsweise nutzen die Happy Digits Karte zur Kundenbindung: Karstadt, Deutsche Telekom (inklusive Töchterunternehmen), Hertie, Quelle und KaDeWe. Bei der Happy Digits Karte benötigt man außerdem 2.500 Punkte (sogenannte *Digits*) um Prämien zu erhalten.[86]

---

[85] Ausgenommen sind Bücher und Verlagserzeugnisse.

[86] HappyDigits (2003): Unsere starken Partner ... < https://www.happydigits.de/servlet/ hdhtml/sammeln/partner/index> (25.10.03)

Durch Reisen, Money can't buy Produkte und Erlebnis-Angebote versucht Happy Digit sich von anderen Kartenkonzepten zu differenzieren und seine eigenen Attraktivität gegenüber dem Kunden zu steigern.[87] Die Happy Digits Karte ist – wie auch die Paybackkarte - auf Wunsch auch als Kreditkarte verwendbar und soll zusätzlich künftig „alle Funktionen eines Bankkontos übernehmen."[88]

Die Multipartnerpartnerkarte wird von mehreren Unternehmen, in der Regel aus verschiedenen Branchen, akzeptiert. Dadurch kann die Akzeptanz der Kunden steigen, eine Kundenkarte zu verwenden. Nachteilig kann sich jedoch die Vielzahl der Partnerunternehmen auswirken, wenn dadurch das Image des einzelnen Unternehmens ‚verwässert' wird.[89] Das Ziel einer Verbesserung des Image und eine Steigerung des Bekanntheitsgrads kann also unter Umständen über eine Multipartnerkarte nicht erreicht werden.

Die Chancen der Kundenkarten können nicht nur von großen Handelsunternehmen genutzt werden, zunehmend entdeckt auch der Mittelstand die Kundenkarten für sich. Eine Studie der Fachhochschule Würzburg-Schweinfurt zeigt, dass Städte und Regionen mit sogenannten City- und Regio-Cards durchaus in der Lage sind „die Kaufkraft in einer Stadt oder Region zu halten und Kundenbindung zu erzeugen." Zusätzlich profitieren die teilnehmenden Unternehmen davon, dass die Kosten für die Einführung der Kundenkarte auf viele Schultern verteilt wird. Als besonders erfolgreich haben sich Kundenkarten erwiesen, die von mehreren Unternehmen angeboten werden. Häufig scheitert der Erfolg einer Karte jedoch daran, dass die Kundenkarte vom Verkaufspersonal nicht aktiv angeboten wird und/oder eine Schutzgebühr vom Verbraucher zu entrichten ist.[90] Die

---

[87] Wieking, K. (2002): Mit Digits gegen Payback punkten, In: Werben und Verkaufen, Heft 4/2002, S. 42

[88] Gorgs, C. (2001): Essen mit Popstars, In: Wirtschaftswoche, Heft 36/2001, S. 63

[89] Stoff, A./Schröder M. (2002): Bonbon(u)s für die Kunden, Was bonusgestützte Kartensysteme leisten, In: Direkt Marketing, Heft 10/ 2002, S. 38

[90] Wiesner, K. A. (2002): Erfolg für City-Cards?, In: Direkt Marketing, Heft 10/2002, S. 44

Einzelhändler werden von den großen Handelsketten immer weiter vom Markt verdrängt. Diese Entwicklung wird sich auch in Zukunft fortsetzen. Die City- und Regio-Cards können – wie aufgezeigt wurde – helfen, dieser Entwicklung entgegen zu wirken.

Zum Abschluss soll der Gedanke zum den schlechten Ruf des Direktmarketings noch einmal aufgenommen werden. Es wurde gezeigt, dass Direktmarketing – wenn es richtig eingesetzt wird – durchaus auch einen Nutzen für den Kunden leisten kann, wenn der Kunde beispielsweise von zielgerichteten Angeboten profitieren kann. Entsprechende Gesetze wie das Haustürwiederrufsgesetz (HaustürWG) und das Fernabsatzgesetz (FernAbsG) haben sicher dazu beigetragen, dass sich das Bild des Direktmarketings positiv gewandelt hat.

4. Literaturverzeichnis

Becker Jochen (1998) Marketing-Konzeption: Grundlagen des strategischen und operativen Marketing-Managements, München, 6. Aufl.

Berndt, Ralph (1995): Marketing, Marketing Politik, Band 2, Berlin, 3. Aufl.

Dallmer Heinz (1991): Handbuch Direct Marketing, Wiesbaden, 6. Aufl.

Deutscher Direktmarketing Verband e.V. (DDV) (2003): Was ist eigentlich
Direktmarketing? <http://www.ddv.de/direktmarketing/
index_direktmarketing_faq_02_3352.html> (20.10.03)

Deutscher Direktmarketing Verband e.V. (2003): Der EDDI 2003 geht an
die Aktion Mensch <http://www.ddv.de/unsere_aufgaben/
index_unsere_aufgaben_presse_6299.htm> (28.10.2003)

DDV (2003): Awards <http://www.ddv.de/unsere_aufgaben/
index_unsere_aufgaben_themenkatalog_awards.htm> (28.10.2003)

Deutscher Direktmarketing Verband e.V. (2003):
<http://www.ddv.de/downloads/Shortlist.pdf> (29.10.2003)

Deutscher Direktmarketing Verband e.V. (2003): Awards
<http://www.ddv.de/unsere_aufgaben/index_unsere_aufgaben_themenkat
alog_awards.htm> (28.10.2003)

Diller H. (Hrsg.) (1992): Vahlens Großes Marketing Lexikon, München,
Aufl. 2, S. 205-209

Gorgs, Claus (2001): Essen mit Popstars, In: Wirtschaftswoche, Heft
36/2001, S. 62+63

Gottschling S./Rechenauer H. O. (1994): Direkt-Marketing, München

Holz, S. (1998): Die Kundenkarte als Instrument zur Kundenbindung im deutschen Einzelhandel, In: Direkt Marketing, Heft 4/1998, S. 30-34

Horizent.net (2003): <http://www.horizont.net//archiv/horizont_net/show.prl/news/pages/show.p rl?id=36266 (24.10.2003) Zitat Walter Plötz, Public Dialog Hamburg

Jobber, D. (Hrsg.) (1998): Principles and Practice of Marketing, 2nd Edition, Mc Graw- Hill, London, S. 34

Kirchner G. (1992), Direktmarketing- Kommunikation, Forkel-Verlag, Wiesbaden, S. 86

Karten Heft 3/2002, S. 36

Koch J. (2001): Marktforschung, Begriffe und Methoden, München, 3. Aufl.

Kotler P./ Bliemel F. (1998): Marketing-Management, Schäffer Poeschel, Stuttgart, 7. Auflage

Kotler & Armstrong (Hrsg.) (1999): Principles of Marketing, Prentice- Hall London, Eighth Edition

Krah, E.-S. (2000): Rabattsysteme Geld zurück – Kunde bleibt, In: Sales Profi, Heft 9/2000, S. 8-14

Pepels W. (2000): Kompaktlexikon Marketing-Kommunikation, Düsseldorf, S. 69

Pepels, W.(1998) Marketing: Lehr- und Handbuch mit Praxisbeispielen, Oldenbourg Verlag, München

Pepels W. (1996): Beck-Wirtschaftberater, Lexikon des Marketings, München, S. 165

Rudolf, Norbert (2002): Kundenkarte und Couponing – mit- oder gegeneinander? In: Direkt Marketing, Heft 5/2002, S. 48-50

Schoeffner, Andrea <Andrea.Schoeffner@loyaltypartner.com (16.10.03): „AW: Studienarbeit" Persönliche Email

Stoff, Ariane/Schröder Michael (2002): Bonbon(u)s für die Kunden, Was bonusgestützte Kartensysteme leisten, In: Direkt Marketing, Heft 10/ 2002, S. 36-39

Tapp, A. (2001): Principles of Direct and Database Marketing, Harlow, 2. Aufl., S. 114, 116

TNS EMNID (2002): Studie „Direktmarketing ist Chefsache" von im Auftrag des DDV, April 2002

Wassel, Patrick (2002): Kundenkarten – Chancen für die Hersteller, In: Direkt Marketing, Heft 5/2002, S. 46-47

Wieking, Klaus (2002): Mit Digits gegen Payback punkten, In: Werben und Verkaufen, Heft 4/2002, S. 40-43

Wiesner, K. A. (2002): Erfolg für City-Cards?, In: Direkt Marketing, Heft 10/2002, S. 44

Wittbrodt, Eckhard J. (1996): Die Kundenkarte, Für welche Ziele und Unternehmen ist sie sinnvoll einsetzbar? In: Direkt Marketing, Heft 2/1996, S. 16-18

Wronka G. (1991): Datenschutz und Direktmarketing In: Dallmer H. (Hrsg.): Handbuch Direct Marketing, Wiesbaden, 6. Aufl., S. 100-102